GOUVERNEMENT GÉNÉRAL DE L'AFRIQUE OCCIDENTALE FRANÇAISE

TERRITOIRE CIVIL DE LA MAURITANIE

RAPPORT D'ENSEMBLE

ANNÉE 1906

SAINT-LOUIS
IMPRIMERIE DU GOUVERNEMENT

1908

GOUVERNEMENT GÉNÉRAL DE L'AFRIQUE OCCIDENTALE FRANÇAISE

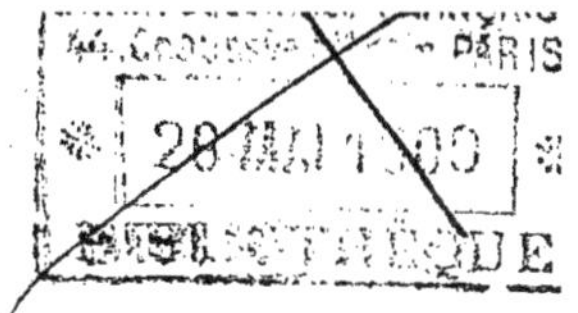

TERRITOIRE CIVIL DE LA MAURITANIE

RAPPORT D'ENSEMBLE

ANNÉE 1906

SAINT-LOUIS
IMPRIMERIE DU GOUVERNEMENT

1908

SITUATION POLITIQUE

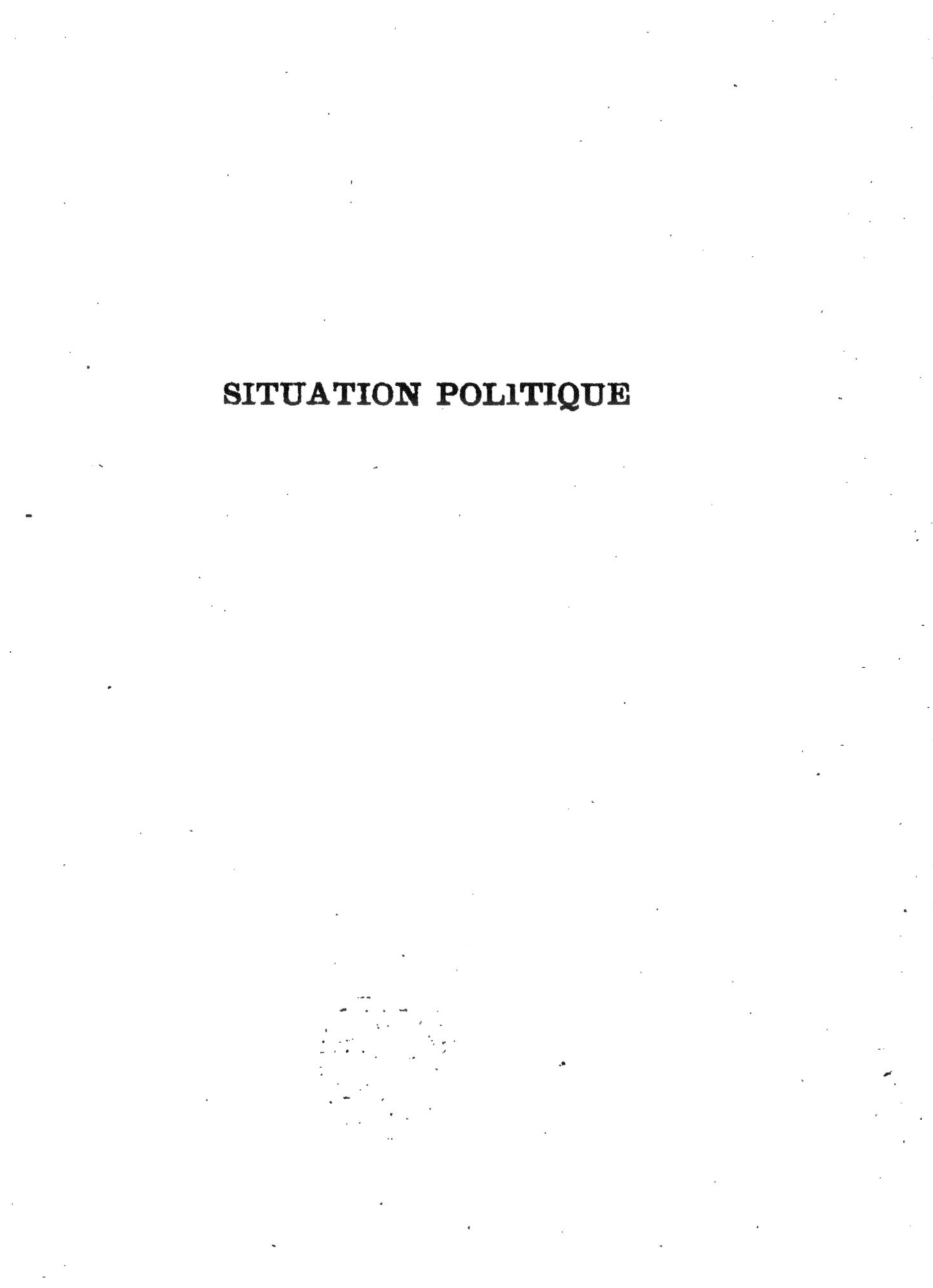

PREMIÈRE PARTIE

A la fin de l'année 1905, les tribus du Territoire civil de la Mauritanie étaient sourdement travaillées par des émissaires du cheikh Ma-el-Aïnin, qui parcouraient les campements de l'Adrar, du Tagant, du R'Gueïba, du Hodh et même des régions en voie d'organisation du Trarza, du Brakna et du Gorgol.

Au Tagant, les fils du marabout de Smara avaient prêché la guerre sainte; dans l'Adrar, la concentration des dissidents s'opérait petit à petit. Des dissentiments éclataient entre les groupes hostiles à notre influence; des projets d'attaque de nos postes du Tagant parvenaient jusqu'à nous; l'exécution en était toujours retardée par les querelles intestines qui divisaient, pour des périodes plus ou moins longues, les fractions dissidentes qu'à chaque instant on pouvait croire unies.

Cette concentration n'a pu se faire que sous l'autorité du chériff Moulaye-Idriss dans l'Adrar. La tentative de prise de possession de ce pays par cet envoyé du Sultan du Maroc, ainsi que les graves conséquences qui suivirent cet acte d'autorité, sont les faits saillants survenus en Mauritante pendant l'année 1906.

Au début de l'année 1906, l'attention du Commissaire en Mauritanie était particulièrement retenue par les difficultés d'ordre politique qui pouvaient s'élever au Tagant et au Trarza. Le calme presque complet régnait dans les cercles riverains du fleuve *Sénégal*, et le seul point noir qui se dressait à l'horizon était la situation des dissidents, dont l'Adrar était le refuge.

Trarza. — Dans l'intérieur du pays Trarza, la direction politique imprimée aux tribus turbulentes par M. l'administrateur Théveniaut, faisait présager des résultats heureux. Avec une prudence éclairée et une énergie dont les Maures trarza n'avaient pas encore vu la manifestation, M. Théveniaut commençait à affermir d'une façon efficace l'autorité de la France. Les clans disparaissaient petit à petit.

Sidi-Ould-Mohamed Fall, refugié dans l'Adrar, avait laissé la place vacante d'émir à son compétiteur Ould-Brahim-Saloum, qui essayait en vain de ruser pour nous amener à agréer son émirat.

Le résultat obtenu est que, après la consolidation de notre autorité parmi les fauteurs de désordre de la tribu des Oulad-Ahmed-ben-Dahman, Ould-Brahim-Saloum semble avoir abandonné son rêve royal et demeure dans la simple situation d'un chef soumis, obligé d'accepter notre direction politique et de se plier à toutes les obligations de notre administration.

En résumé, au début de l'année 1906, nous prenions dans le Trarza une position bien nette et conforme en tous points aux desseins qui avaient jusqu'alors guidé notre politique.

Tagant. — Dans le Tagant, la situation paraissait calme. Les dissidents Edouaïch, désespérant de nous attaquer avec succès dans leur propre pays, se dirigeaient vers l'Adrar, où Atsman-Ould-Soueïd-Ahmed allait demander l'hospitalité à l'émir Ould-Aïda et grossir ainsi les bandes ennemies du Nord.

Mais ce départ des Edouaïch n'était pas effectué sans espoir de retour. Les troupeaux appartenant aux fractions Abakak restaient dans le R'Gueïba et les fractions demeurées fidèles à El-Haoussein-Ould-Bakar-Ould-Soueïd-Ahmet entreprenaient des négociations avec nous pour faire agréer dans des conditions acceptables leur soumission à notre autorité.

M. l'administrateur Adam, adjoint au Commissaire en Mauritanie, parti pour le Tagant où il était rendu vers le 15 mars, avait pour mission de rechercher un terrain d'entente avec les Edouaïch, afin de réaliser le plus tôt possible l'équilibre politique dans cette région.

Les conditions imposées aux Edouaïch étaient, en somme, très modérées et toute latitude dans leur application avait été laissée au résident qui, très éloigné de l'Administration centrale, ne pouvait qu'agir au gré des circonstances.

La base de ces conditions était la suivante :

1° Les Edouaïch devaient faire leur soumission par fraction, chaque fraction étant représentée par sa djemâa ;

2° Ils devaient consentir à un désarmement partiel, de manière à ne constituer ni un groupement inférieur, ni une force supérieure à celle des tribus Kounta, leurs ennemis déclarés, avec lesquels ils devaient vivre en bonne intelligence dans le Tagant ;

3° Ils devaient payer une indemnité de guerre variable suivant le degré d'hostilité dont avaient fait preuve les fractions qui venaient se soumettre, et le plus ou moins de temps apporté aux négociations entamées en vue de cette soumission.

La marche de ces négociations se poursuivait avec une grande lenteur. Les premiers résultats obtenus se bornèrent à la soumission d'une soixantaine de tentes qui vinrent s'établir au Tagant, et à la reddition de quelques guerriers Chrattit qui vinrent demander l'aman à M'Bout, dans le cercle du Gorgol.

Gorgol, Brakna, Guidimaka. — D'autre part, la situation intérieure des cercles du Gorgol, du Brakna et de la résidence du Guidimaka se maintenait calme et satisfaisante, malgré quelques difficultés d'importance secondaire qui s'étaient élevées, notamment chez les Toucouleurs de M'Bagne qui opposaient de la résistance au chef que nous leur avions donné. Mais il ne faut voir là que des incidents sans importance causés par des haines locales, toujours rallumée au moindre prétexte.

Situation extérieure.

La situation extérieure ne pouvait être analysée qu'avec de sérieuses réserves. Les intrigues du cheikh Ma-el-Aïnin se poursuivaient ; ce chef, soucieux de maintenir son prestige personnel et de sauvegarder ses intérêts particuliers, très puissants en Mauritanie, notamment dans l'Adrar, avait décidé de combattre ouvertement notre influence. Il se fit l'intermédiaire entre les dissidents et le Sultan du Maroc, duquel il obtenait la promesse d'envoi d'armes à tir rapide et de renforts ; Moulaï Idriss, envoyé du Maghzen, devait grouper toutes les forces dissidentes et, à leur tête, nous chasser du pays.

Les intrigues de Ma-el-Aïnin aboutirent rapidement au mouvement hostile qui se dessina nettement par l'envoi d'une députation des chefs dissidents à Smara, où un envoyé du Sultan devait écouter leurs griefs et les assurer d'un concours effectif de la cour de Fez. Cette députation se mit en route vers le Seguiet-el-Hamra dans les premiers jours du mois de mars.

Elle était composée de :

Ould-Ahmed-Aïda, émir de l'Adrar ; Ould-Assas, fils d'Ahmeïdou, ancien émir du Brakna ; Ahmed-Dédé, frére de Sidi-Ould-Mohamed-Fall (Trarza), et Mohamed-Mahmoud-Ould-Bakar-Ould-Soueïd-Ahmed (Tagant), qui étaient les protestataires désignés pour exposer les questions relatives aux différentes régions de la Mauritanie (Trarza, Brakna, Tagant, Adrar).

Dès ce moment se posait nettement la question de l'intervention diplomatique au Maroc de notre légation dans ce pays, qui pouvait faciliter la tâche, déjà lourde, de combattre en Mauritanie l'influence du cheikh Ma-el-Aïnin.

Tel était, au début de l'année 1906, l'état politique du Territoire civil de la Mauritanie ; calme à l'intérieur, il laissait apparaître au dehors, avec l'intervention jadis occulte de Ma-el-Aïnin, aujourd'hui franchement ouverte et hostile à notre pénétration, des complications graves dont il était difficile, faute de renseignements bien précis, de mesurer la portée.

Cette situation se poursuivit pendant le deuxième trimestre ; l'élément maraboutique soumis se rapprocha de nos postes, espérant ne plus voir reparaître les jours sombres de l'anarchie dont il était toujours la principale victime, tandis qu'au contraire les partis hostiles à notre pénétration guerroyaient entre eux dans l'Adrar.

Depuis cette époque (mai 1906), la vigilance constante et l'action politique du Commissaire en Mauritanie et des commandants des cercles placés sous son autorité, ont suivi pas à pas l'agitation des tribus. Les renseignements qui parvenaient à Saint-Louis faisait connaître que la députation des notables qui s'était rendue chez le cheikh Ma-el-Aïnin à Smara, était de retour dans l'Adrar; que des combats sérieux se livraient toujours dans ce pays entre les fractions guerrières dirigeantes et que les Oulad-Bou-Sba et les Reguibat venaient de se livrer une bataille importante dans laquelle les premiers avaient perdu une centaine d'hommes.

Entre temps, l'arrivée dans l'Adrar du chériff Moulay-Idriss, se disant oncle du Sultan du Maroc, et envoyé par lui pour inviter les Français à évacuer les pays maures, n'apportait pas à la situation politique des régions soumises un changement notable.

La seule conséquence fâcheuse de la venue de ce marocain fut l'entrée dans l'Adrar de nombreuses caisses de fusils à tir rapide et de munitions de guerre.

Ainsi donc, aux derniers jours du deuxième trimestre 1906, la situation politique du Territoire civil de la Mauritanie était la suivante :

Les tribus, échappant à l'hivernage, remontaient au Nord de nos postes par leurs terrains de parcours et installaient leurs campements dans une région plus tempérée que celles des abords du Sénégal. Moulaye-Idriss cherchait à rallier les dissidents dans l'Adrar.

DEUXIÈME PARTIE

Pour bien se rendre compte de la situation politique dans laquelle se trouvait le Territoire civil de la Mauritanie avant les événements du Tagant (combat de Nièmelane, attaque de Fort-Coppolani), il est nécessaire d'analyser les faits de tous ordres qui ont pu avoir une repercussion sur elle, tant à l'intérieur qu'à l'exterieur, pendant les mois de juillet, août et septembre 1906.

Il résulte de cette analyse que l'influence dans l'Adrar du chérif Moulay-Idriss est assez forte pendant cette période pour intimider les chefs des tribus guerrières et maraboutiques du Tagant et même des autres régions organisées de la Mauritanie ; dans le Tagant surtout, très rapproché de l'Adrar et parcouru par les émissaires des dissidents l'attitude des chefs maures envers nous n'est pas franche ; leurs actes, tout en n'étant pas nettement hostiles, sont caractérisés par de l'hésitation, de la mauvaise volonté et une opposition constante de force d'inertie.

Edouaïch. — Les Edouaïch, soi-disant soumis, groupés autour d'El-Haoussein-Ould-Bakar, avaient naturellement des connivences avec leurs frères de l'Adrar. Quelques dissidents de leur tribu, quelques Oulad-Bou-Sba même venus du Tagant avaient reçu asile dans leurs campements et commis des pillages au préjudice des Kounta, des Edouali et des Ahel-Sidi-Mahmoud.

D'autre part, la redevance de guerre que les Edouaïch soumis devaient payer en vertu des conditions de leur soumission au commencement de juillet, n'était pas plus payée à cette date que l'impôt zekkat lui-même et M. le capitaine commandant le cercle du Tagant pouvait se rendre compte, dans une tournée effectuée à cette époque dans les campements édouaïch, que les gens appartenant à cette tribu n'étaient pas réellement soumis.

Les bruits d'arrivée au Tagant de l'envoyé du sultan du Maroc prenaient de jour en jour plus de consistance. C'est probablement pour pouvoir se joindre aux bandes dissidentes qu'à ce moment les Edouaïch se groupaient à la guelta de-El-Reddaï, point de concentration où l'eau est abondante et qui, situé à une journée de N'Taorta et de Tin-Ouaddin, pouvaient leur permettre, au cas où le chérif nous aurait attaqués, de tenter quelque coup de main sur nos convois qui suivent généralement la route dangereuse des défilés voisins d'Iferchaï.

De plus, les Edouaïch retenaient de force dans leurs campements des fractions maraboutiques qui venaient loyalement se soumettre et qu'ils avaient l'espoir de faire contribuer à l'amende de guerre qu'eux-mêmes nous devaient.

Il était donc permis, durant le troisième trimestre 1906, de ne pas compter, si un mouvement d'hostilité se produisait contre nous, sur la neutralité ou le dévouement des Edouaïch que l'on croyait de bonne foi ralliés.

Kounta. — Tout autre était la situation des Kounta vis-à-vis de nous. Ennemis des Edouaïch, avec lesquels ils étaient en lutte depuis plus de deux cents ans, ils avaient été contraints d'accepter leur suprématie et rêvaient de reprendre leur ancien prestige et leur ancienne prospérité au Tagant qu'ils avaient perdus du temps de Bakar-Ould-Soueïd-Ahmed.

Nous avions tout lieu de croire qu'ils continueraient à demeurer les ennemis irréconciliables de leurs vainqueurs et Mohammed El-Mokhtar-Ould-El-Hamid nous semblait avoir dans sa tribu l'autorité nécessaire pour en grouper insensiblement les différentes fractions dans le Tagant. Dans le courant du troisième trimestre 1906 nous constatons que l'autorité de Mohammed El-Mokhtar n'était pas aussi grande que nous l'avions supposé. Marabout très influent, il parvenait à garder péniblement son ascendant sur la fraction des Oulad-Sidi-El-Ouafi, mais restait impuissant à faire reconnaître son autorité par les chefs des fractions Oulad-El-Bah, Tanakia, Oulad-Sidi-Boubakar et Oulad-Sidi-Haïballah.

Néanmoins, ces différentes fractions ne manifestèrent aucune hostilité ouverte. Groupées à Rachid, pour la récolte des dattes, ou disséminées dans leurs lougans de mil, on ne put que leur reprocher leur évidente mauvaise volonté à faciliter le ravitaillement de notre garnison de Tidjikdja en ne nous fournissant pas les animaux de transport dont nous avions besoin.

Autres tribus du Tagant — Les autres populations du Tagant se maintenaient tranquilles. Les Edouali du ksar de Tidjikdja, trop rapprochés de Fort Coppolani, paraissaient attendre avec anxiété les résultats de la propagande anti-française qui se faisait autour d'eux. Les nomades de leur tribu parcouraient avec leurs troupeaux les pâturages du Sud du Tagant et du R'Gueïba, et les Ahel-Bouxa seuls, Edouali encore insoumis, vivaient dans le Hodh, au milieu des Medchdouf, des Laglal et des Oulad-Nacer.

Populations du Trarza, du Brakna, du Gorgol et du Guidimaka. — Les tribus jadis très turbulentes du Trarza, énergiquement administrées par M. l'administrateur Théveniaut, continuaient à demeurer tranquilles. Quelques rares incursions des Trarza dissidents n'ont causé que quelques vols sans grande importance, dont certains d'ailleurs ont été immédiatement réprimés.

De plus importants *medjbours* parcouraient la région du Brakna; ce furent au mois de juillet celui de Ould-Assas-Ould-Ahmeïdou et en septembre celui de Atsman-Ould-Bakar-Ould-Soueïd-Ahmed. Le premier, rencontré le 4 juillet entre Aguieuit et Moudjéria par une section des gardes du ravitaillement, fut mis en fuite. Le second put regagner le Nord, poursuivi pendant deux jours par un goum de maures amis montés à chameau.

Les populations généralement tranquilles du Gorgol avaient quitté les bords du Sénégal et transhumaient en juillet, août et septembre dans le Sud du Tagant et le R'Gueïba. Leur attitude ne laissait rien à désirer, mais il était difficile de se rendre compte des résultats fâcheux que pouvait avoir sur elles la propagande des émissaires de Ma-el-Aïnin et de Moulay-Idriss.

Il en était de même des tribus du Guidimaka, également campées au Nord de ce territoire pour la durée de l'hivernage. Mais il était possible d'enregistrer d'une façon absolument certaine la défection des Ahel-Sidi-Mahmoud, dont le chef Sidi-El-Moktar-Ould-Abdallahy projetait d'attaquer le poste de Sélibaby après la saison des pluies.

A la baie du Levrier, les transactions entre les maures et notre poste de Kansado s'établissaient d'une façon normale. Le cheikh Saad-Bou envoyait son fils Mohammed-Ma-El-Aïnin pour amener à se fixer à proximité de ce poste une partie de la grande tribu maraboutique des Ahel-Barik-Allah.

Situation extérieure.

Adrar. — La situation politique de l'Adrar était la seule cause de la physionomie très mobile de nos tribus, depuis l'arrivée dans ce pays du chérif Moulay-Idriss. Des bruits circulaient sur la mission officielle que ce marabout avait reçue du sultan Abdul-Aziz, sur l'attaque prochaine de nos postes ; l'ingérence et les menées hostiles du cheik Ma-El-Aïnin et de deux de ses fils Cheikh-Hassana et Taleb-Kiar et surtout l'importation des fusils et munitions de guerre en Mauritanie menaçaient d'une façon sérieuse l'avenir de notre expansion progressive.

On pouvait se rendre compte que Moulay-Idriss était chargé de grouper les éléments hostiles à notre influence. Et l'auréole religieuse dont l'entourait le cheikh Ma-el-Aïnin, de même que l'estampille officielle du sultan du Maroc, lui permettaient de s'assurer sur les populations troublées de l'Adrar l'ascendant moral qui devait en faire le libérateur des territoires maures et en même temps lui permettre de rattacher les tribus de ces territoires à l'autorité du sultan Abdul-Aziz.

Notre service de renseignements du Tagant et des autres cercles de la Mauritanie a pu suivre d'une manière assez exacte les actes du chérif depuis son arrivée dans l'Adrar, de même que les faits et gestes des tribus de ce pays.

Dès le mois de mai, Moulay-Idriss tentait donc de grouper les tribus guerrières dirigeantes de l'Adrar occidental. Malgré les difficultés nombreuses que présentait cette tâche, les rivalités entre tribus étant dans ce pays plus fortes que dans les autres régions de la Mauritanie, il semblait que, au début du mois de juillet, son autorité s'affirmait, s'imposait. Déjà il annonçait sa prochaine installation à Rachid (Tagant) et son intention d'accomplir la mission que son maître lui avait confiée d'inviter les Français à abandonner le Tagant. Mais les évènements ne se déroulèrent pas suivant ses prévisions optimistes. Il resta dans l'Adrar, où la population le comblait de cadeaux.

Cependant la situation politique, que l'on disait calme, n'en demeurait pas moins troublée malgré son autorité sur les tribus; les Oulad Ghaïlane semblaient abandonner leur chef, l'émir Ould-Aïda, pour le remplacer par le chérif; les Oulad-Bou-Sba et les Reguibat se battaient entre eux; il en était de même des Trarza et des Edouaïch dissidents réfugiés dans l'Adrar; quelques fractions, les Ideïchilli entre autres, commençaient à se fatiguer de la présence de Moulay-Idriss.

Les essais de l'envoyé marocain pour grouper sous la même bannière les Reguibat, les Oulad-Bou-Sba et les Oulad-Gaïlane demeuraient infructueux. Au commencement d'août, les Oulad-Bou-Sba tombaient sur les Reguibat et les Oulad-Ghaïlane et il y avait de nombreux tués et blessés de part et d'autre.

A ce moment, désespérant de réunir le nombre de fusils nécessaires à une action de guerre contre nous, le chérif fit annoncer son prochain départ pour le Nord. Mais au lieu de mettre ce projet à exécution, il resta dans l'Adrar, où pendant le mois de septembre son autorité sur les tribus se fortifia : 500 guerriers devaient s'emparer de Fort-Coppolani à la date du 18 septembre.

Les circonstances ne favorisèrent pas les projets des dissidents, qui continuèrent à se battre entre eux et à semer le désordre dans le pays.

On enregistrait d'autre part, le bruit d'après lequel Moulaye-Idriss n'aurait reçu du sultan du Maroc qu'une mission diplomatique et qu'il ne ferait usage de la force que si ses propositions pacifiques étaient rejetées par nous.

Un avenir très prochain devait nous apprendre quels étaient ses véritables projets.

R'Gueïba. — Dans le R'Gueïba et le Hodh, les tribus semblaient vivre dans leur tranquillité habituelle. Les Medchdouf et les Ahel Sidi-Mahmoud faillirent cependant en venir aux mains dans le courant du mois d'août.

On nous signalait d'autre part le départ dans l'Adrar d'une centaine de Laglal et de Medchdouf et de quelques Tinouadjiou allant apporter des cadeaux à Moulay-Idriss.

Les campements des tribus qui nomadisaient dans le R'Gueïba étaient installés à proximité de la barrière Sud des montagnes du Tagant; les Tadjakant étaient aux environs de Darguel, les Messouma et les Ahel-

Sidi-Mahmoud avaient rejoint dans le Hodh les Laglal, les Medchdouf et les Oulad-Nacer.

Ces dernières tribus demandaient à Moulay-Idriss de venir les rejoindre dans leur pays ; elles auraient fourni une escorte suffisante pour garantir sa sécurité en cours de route. D'après ces renseignements, les guerriers du Hodh semblaient s'être ouvertement déclarés contre nous.

En résumé, à la fin du mois de septembre 1906, l'état politique des régions limitrophes au Nord, à l'Est et au Sud du Tagant nous apparaissait sous un jour douteux ; aussi les postes du haut ont-ils été avertis de se tenir plus que jamais sur leurs gardes.

TROISIÈME PARTIE

Evènements du Tagant. — Leurs causes. — Leur portée politique.

A la fin du troisième trimestre, les tribus de l'Adrar semblaient oublier leurs rivalités séculaires et se grouper autour de Moulay-Idriss, dont l'influence grandissait chaque jour. La situation politique s'accusait nettement grave et les bruits d'attaque de Fort-Coppolani circulaient.

Une trêve semblait avoir été conclue entre les R'Gueïba, les Yaya-Ben-Atsman et les Oulad-Bou-Sba. On annonçait même que ces derniers avaient fait leur soumission à Sidi-Ahmed-Ould-Aïda, émir de l'Adrar, et que celui-ci paraissait disposé à suivre le chérif dans ses projets de guerre contre nous.

Les déplacements des dissidents armés pendant le mois de septembre ne laissaient persister aucun doute sur leurs intentions hostiles; le chérif Moulay-Idriss, entouré d'Oulad-Bou-Sba, de Medchdouf, de Laglal, d'Edouaïch de Tenouadjiou et d'Ideïboussat, venait s'installer à El-Aïn-Kachla, point d'eau situé sur la frontière du Tagant, à deux jours de marche au Nord d'Acharim; aucune des tribus de l'Adrar ne s'était jointe à lui. De là, il envoyait une lettre au Commandant du cercle du Tagant l'invitant à évacuer le territoire.

Dans le R'Gueïba, la situation politique ne semblait pas à première vue s'être aggravée. Les campements que l'on croyait soumis s'échelonnaient sur la barrière Sud des montagnes du Tagant. Les Ahel-Sidi-Mahmoud et leurs tributaires les Reïhane et les Souaker se trouvaient rassemblés; les Tadjakant, Messouma, Ideïboussat semblaient de leur côté n'inspirer aucun soupçon. Mais les appels du chérif Moulay-Idriss et les exhortations à la guerre sainte du cheikh Ma-el-Aïnin avaient fortement impressionné les chefs de ces tribus. Les évènements ultérieurs ont démontré que tous ces campements ne s'étaient installés si près de Tidjikdja que pour se joindre à nos ennemis si leur coup de main sur Fort-Coppolani réussissait.

*
* *

Après l'installation des dissidents à El-Aïn-Kachla, l'attitude des Edouaïch du Tagant rassemblés autour d'El-Haoussein-Ould-Bakar pouvait commencer à inspirer quelques craintes. Il était permis de se demander si l'installation de leurs campements à la guelta de El-Reddaï n'était point opérée dans le but de concentrer en cet endroit toutes leurs forces pour, de là, les joindre en bloc aux contingents dissidents.

Les tribus Kountah et Edouali, parmi les fractions desquelles quelques petites rivalités demeuraient vivaces, sollicitées de se joindre à nos ennemis, semblaient résister aux appels à la guerre sainte, mais n'étaient en réalité que fort embarrassées par l'importance de la décision qu'elles étaient appelées à prendre.

Dans le courant du mois d'octobre, les évènements se déroulèrent avec une rapidité étonnante.

Le bruit répandu autour de l'arrivée du chérif, l'importante mission diplomatique officielle à lui confiée par le sultan du Maroc ne cessaient d'attirer autour de lui des contingents de fanatiques armés, venus de tous les points de la Mauritanie.

Poussé par le fanatisme des Edouaïch, des Medchdouf et des Laglal, Moulay-Idriss devait se lancer, contre son gré peut-être en ce moment, dans une action de guerre contre nous.

D'autre part, les contingents qui tous les jours grossissaient ses bandes ont pu le déterminer à tenter la fortune des armes dans l'espoir d'un succès facile.

En tout cas, l'installation de ces campements à El-Aïn-Cachla, à Ksar-El-Barka, puis à Arlembit, à Ergi, à Acharim et à Nièmelane, opérée après l'envoi de la lettre au Commandant du cercle du Tagant, l'invitant à quitter le territoire, devenait inquiétante.

Les communications entre Tidjikdja, Moudjéria et le Sénégal étaient rompues. Nos courriers étaient saisis.

Il convenait dès lors de ne pas laisser subsister ce groupement hostile que notre inaction ne pouvait que faire grossir.

Les tribus du Tagant, incertaines du résultat d'une lutte dans laquelle pouvait sombrer notre autorité, se voyaient contraintes de se ménager par avance la bienveillance de nos ennemis.

En présence de cette situation difficile, l'envoi d'une reconnaissance chargée de disperser les dissidents s'imposait.

Cette reconnaissance, dirigée par les lieutenants Andrieux et Douville de Franssu, envoyée le 24 octobre 1906 dans la direction de Nièmelane, se heurtait en ce point le 25 octobre au matin à des forces considérables possédant de nombreux fusils à tir rapide. Autour du chérif etaient groupés les Edouaïch dissidents, les Laglal, les Medchdouf, les Ahel-Sidi-Mahmoud, les Oulad-Bou-Sba, quelques Oulad-Ahmed dissidents, quelques marabouts tendgha (Ahel-Amar-Agdabidja et Ahel-Bouhabini), des Ideïboussat (de la secte des Ghoudfy) et les Kounta-Oulad-Sidi-El-Ouafi, sous le commandement de Mohammed-El-Moktar, qui venait de trahir notre cause et se révélait dans la camp du chérif, notre plus grand ennemi.

Nous avions perdu dans ce combat deux officiers, les lieutenants Andrieux et Douville de Franssu; deux sous-officiers, les sergents Philippe et Fleurette, quinze tirailleurs; le nombre de nos blessés était de vingt-six. L'ennemi avait éprouvé des pertes plus considérables que les nôtres, elles s'élevaient à plus de cent hommes.

L'importance des pertes subies à Nièmelane par les maures, la mort de plusieurs chefs de fractions amenèrent un commencement de désagrégation parmi les dissidents.

Les Oulad-Bou-Sba abandonnèrent la lutte.

Les Laglal et les Medchdouf ne voulaient pas venir attaquer Tidjikdja; les Ahel-Sidi-Mahmoud et les Souaker ne demandaient qu'à partir.

Au début de novembre, l'ennemi campait à proximité de Tidjikdja, Fort-Coppolani était déclaré en état de siège. Un assaut était brillamment repoussé le 11 novembre.

La nouvelle de l'arrivée à Kiffa de la colonne du commandant Arnould, partie de Nioro, faisait abandonner la lutte aux Laglal et aux Medchdouf, qui se retiraient dans le Hodh

Les quelques attaques tentées sur Fort-Coppolani étaient repoussées; la colonne de secours, partie de Saint-Louis le 6 novembre, sous les ordres de M le lieutenant colonel Michard et arrivée à Tidjikdja le 1er décembre, forçait le chérif à lever le siège de Fort-Coppolani et à se retirer dans le Ghât et l'Adrar sans avoir, ni à Tidjikdja, ni à Rachid, osé se mesurer contre nos forces en rase campagne.

*
* *

Les causes de l'incursion des dissidents dans le Tagant, du combat de Nièmelane et de l'attaque de Fort-Coppolani sont multiples.

Le seul fauteur des désordres qui se sont produits dans le courant du quatrième trimestre est le cheikh Ma-el-Aïnin, qui, de Smara (Seguiet-El-Hamra), stimulait depuis plus de deux ans les haines contre les chrétiens, attisait les colères latentes et préparait la guerre sainte.

Nous connaissons les menées de ce personnage et son opposition acharnée à nos desseins de pénétration saharienne. Son influence religieuse, reconnue depuis le Bled-Es-Siba jusqu'aux rives du Sénégal et de l'océan Atlantique jusqu'au Hodh, en fait l'ennemi le plus sérieux que notre pénétration pacifique soit appelée à rencontrer.

Depuis plus de deux ans, cheikh Ma-el-Aïnin envoyait dans les tribus guerrières, notamment du Tagant et de l'Adrar, des messagers politiques chargés de fomenter des troubles et de contracter des alliances contre nous.

Au début de l'année 1905, il essayait en vain d'unir les Edouaïch et les Medchdouf Mahammet-Moctar, chef de cette dernière tribu, informa l'Administrateur de Goumbou des projets d'alliance qui lui avaient été proposés et après avoir pris les conseils du cheikh Thorad, cousin de Ma-El Aïnin, répondait à Bakar-Ould-Soueïd-Ahmed, émir du Tagant et chef des Edouaïch, que, n'ayant aucune raison sérieuse pour nous faire la guerre, il repoussait l'alliance avec les ennemis de la France au Tagant.

Malgré cet échec de sa diplomatie, Ma-el-Aïnin ne se découragea pas. Ses deux fils, Taleb-Kiar et surtout Cheikh-Assana, qui semble spécialement désigné pour hériter de la *baraka* divine et de l'influence de son père, promettaient aux guerriers des armes à tir rapide et l'appui du

Sultan du Maroc. Et pendant que ses fils rassemblaient au Tagant et dans l'Adrar les dissidents de toutes ces tribus, pendant que sur la côte marocaine, à Tarfaya (cap Juby) notamment, des navires débarquaient des munitions et des fusils de guerre, Ma-el-Aïnin incitait le cheikh Dahman-Ould-Beyrouk, caïd de l'Oued-Noun, à faire marcher contre nous les tribus guerrières de son pays et celles du Seguiet-el-Hamra.

Les évènements donnent la mesure de l'autorité qu'avait acquise Ma-el-Aïnin sur les tribus mauritaniennes, autorité assez forte pour lui avoir permis de grouper sous la même bannière, et pour poursuivre un même but, des tribus guerrières ou maraboutiques armées qui, depuis les temps les plus reculés, étaient entre elles ennemies irréconciliables : telles les tribus Oulad Bou-Sba, Reguibat et Kounta, Kounta et Ahel-Sidi-Mahmoud, Medchdouf et Oulad-Ghaïlane, Medchdouf et Edouaïch.

Les pillards Oulad-Bou-Sba et Reguibat craignaient trop le châtiment de leurs pillages et des désordres qu'ils causaient depuis si longtemps pour ne pas continuer à s'inquiéter du sort qui leur serait réservé si nous arrivions à assurer le maintien de l'ordre et de la paix en Mauritanie. Ils ne pourraient plus saccager les campements maraboutiques et les villages riverains du Sénégal, détrousser les caravanes, sans s'exposer à une sévère et constante repression.

Les tribus guerrières de l'Adrar, inquiètes des progrès de notre occupation, ne pouvaient que prêter leur concours à une action de guerre qui pouvait, si elle était couronnée de succès, retarder notre installation dans leur pays. Les Edouaïch dissidents pouvaient, à bon droit, s'acharner dans cette lutte qui devait rendre le Tagant, où ils avaient commis tant de déprédations et d'ignominies, à l'autocratique gouvernement d'un des descendants de Bakar-Ould-Soueïd-Ahmet.

Ould-Assas et son père, Ahmeïdou-Ould-Sidi-Ely, bannis du pays Brakna, pouvaient également espérer revenir dans leur ancien fief qui, tant d'années durant, fut soumis à la domination de la tribu pillarde des Oulad-Seïd.

Il est moins facilement explicable que des tribus aussi importantes que les Medchdouf, les Ahel-Sidi-Mahmoud, les Laglat, les Tinouadjiou et une partie des Kounta soient venues renforcer l'ennemi extérieur pour attaquer la reconnaissance française dans l'oued de Nièmelane et notre poste de Fort-Coppolani. Ces tribus n'avaient eu qu'à se féliciter des rapports d'amitié qu'elles avaient toujours entretenus avec nous ; les Medchdouf, les Laglal, les Ahel-Sidi-Mahmoud, qui avaient en quelque sorte reconnu le principe de notre domination et à qui le contact presque permanent avec les autorités du Soudan avait donné l'idée exacte de notre force, pouvaient nous permettre de compter, au moins pour le moment, sur leur neutralité.

Mais nous sommes persuadés que toutes ces tribus n'ont répondu à l'appel du chériff Moulay-Idriss et du cheikh Ma-el-Aïnin que pour les raisons suivantes :

1° Parce que c'était un appel à la guerre sainte et, pour les musulmans fanatiques auxquels cet appel s'adressait, le *djehad* (guerre sainte) est le plus impérieux des devoirs ;

2° Ces tribus avaient une confiance illimitée dans la science militaire du chériff qui se faisait fort, en instaurant un système de guerre différent de celui des maures, de nous chasser du Tagant ;

3° Le chériff, d'autre part, représentait pour elles le Sultan du Maroc (l'émir El-Mouminin ou prince des croyants) ;

4° Les tribus maraboutiques, craignant d'être pillées par des bandes dissidentes et de ne pouvoir compter sur notre protection, se sont mises sous la protection des pillards qu'elles craignaient.

Il est de fait que la bienveillance spéciale que nous avons toujours témoignée aux collectivités maraboutiques qui forment la population saine du pays, attire tout particulièrement sur elles l'attention des pillards. Moins la protection a pu être efficace et plus elles ont eu de risques d'être pillées.

Les très nombreux exemples de la vérité de cette affirmation permettent de la poser en axiome ; et nous pouvons connaître presque mathématiquement le degré de dévouement de chaque tribu, dont nous n'avons pu assurer entièrement la protection, par le simple calcul des vols plus ou moins nombreux et importants dont elle aura été victime.

A côté de ces raisons d'ordre intérieur, s'en révèlent d'autres qui ont une plus haute portée et une plus grande importance.

Nous avons pu nous convaincre que ce qui a poussé les tribus dissidentes et les tribus soumises à se grouper contre nous, c'est la confiance dans l'intervention du Maroc

D'autre part, les comptes-rendus de la presse musulmane du mois de septembre 1906 contenaient un avis exprimé par le journal le *Liwa*, du Caire, d'après lequel le Sultan du Maroc, voulant arrêter les progrès de l'influence française au Sud de ses états, essayait de nous susciter, par l'intermédiaire de Ma-el-Aïnin, une hostilité religieuse.

Cet avis méritait d'être enregistré à une époque où la participation directe du Maroc aux troubles du Tagant ne pouvait être basée que sur de sérieuses hypothèques, mais n'avait pas été reconnue, comme elle l'a été plus tard, par le Sultan lui-même.

D'ailleurs, le cheikh Ma-el-Aïnin, quoique agissant au nom du gouvernement chérifien, ne voit dans notre occupation des pays maures et surtout de l'Adrar, qu'une diminution de son influence politique en même temps que de ses intérêts matériels. Ses talibés font, pour son compte, dans ce dernier pays notamment, un commerce dont les bénéfices venant s'ajouter au produit des aumônes religieuses que ses fils perçoivent, un revenu considérable qu'il ne verrait pas diminuer sans déplaisir.

* * *

La portée des évènements qui ont troublé pendant quelques mois l'équilibre politique du Territoire civil de la Mauritanie, ne saurait être exagérée. La révolte des tribus guerrières, l'incursion au Tagant de toutes les bandes dissidentes conduites par l'envoyé du Sultan du Maroc, n'ont

causé aucun ralentissement dans notre œuvre de pénétration en Mauritanie. Notre autorité morale est demeurée intacte, notre prestige n'a subi aucune atteinte. Le succès des Maures à Niémelane n'a pris de l'importance qu'en raison de la perte de deux officiers et deux sous-officiers européens. Si nos pertes furent élevées, celles des dissidents furent bien plus considérables et purent être évaluées à une centaine de morts. En outre, dans les différents assauts de Fort-Coppolani, en novembre 1906, périrent un grand nombre de chefs et de notables maures.

Nous avons pu, d'autre part, pendant la période troublée de la fin de l'année 1906, évaluer assez approxivement l'importance des groupes dissidents que nous rencontrerons ultérieurement dans notre marche progressive. Par une action politique de désagrégation, ces groupements pourront être encore réduits.

Mais une constatation peut être pour nous réconfortante : la population saine du pays est demeurée avec nous; les marabouts nous ont, une fois de plus, conservé leur confiance entière dans l'établissement durable en Mauritanie de la paix que nous leur avons promise.

Les enseignements d'ordre politique qui se dégagent de l'analyse des faits graves qui se sont déroulés en Mauritanie en 1906, confirme que notre action de pénétration progressive ne doit être faite qu'avec le concours de la population maraboutique, la seule intéressante du pays, parce que seule elle travaille, produit et commerce; qu'elle ne peut reposer que sur la connaissance complète des tribus, de leurs rivalités, de leurs intérêts réciproques; qu'elle doit, en outre, éloigner de l'esprit des maures la conception, qui naît infailliblement en eux, que notre installation sur la rive droite du Sénégal n'a qu'un but : substituer notre autorité à l'ancienne domination opprimante de l'élément guerrier pour retirer de cette situation les avantages matériels que les guerriers en retiraient avant nous.

SITUATION ADMINISTRATIVE

Organisation de l'Administration centrale.

A la fin de l'année 1905, les Services de l'Administration centrale du Territoire civil de la Mauritanie furent organisés de la manière suivante par M. le Lieutenant-Colonel, Commissaire du Gouvernement général (Décision du 5 septembre 1905).

1° *Le Bureau des Affaires politiques* (1er Bureau) était chargé de l'étude des questions relatives à l'administration générale, à l'administration des cercles, aux chefs indigènes, aux Djemâa, à la Justice, aux Cadis, au Culte musulman, à l'Instruction publique, à lA'griculture, au Commerce, à l'Industrie et aux Missions.

Une section d'études rattachée à ce bureau devait traiter les questions spéciales au point de vue musulman.

2° *Le Bureau des Affaires techniques* (2e Bureau) était divisé en deux sections : la première était chargée du commandement territorial, des relations avec les autorités militaires, des tournées de police, des goums, de leur organisation, de leur instruction et de leur discipline. Il était en outre chargé du ravitaillement des postes.

La 2e section (Travaux Publics) était chargée de la construction et de l'entretien des bâtiments locaux, des concessions, mines, routes, puits, Postes et Télégraphes et Service géographique.

3° Le 3e Bureau avait été scindé en deux sections : *Finances* et *Matériel.*

Le Service du Secrétariat était plus spécialement chargé de la réception et de l'enregistrement de la correspondance, du chiffre, de la bibliothèque, du personnel civil de la Mauritanie et des récompenses honorifiques.

L'adjoint au Commissaire du Gouvernement général en Mauritanie était chargé en second des bureaux de l'Administration centrale.

Cette organisation fut maintenue jusqu'au 1er mai 1906, date à laquelle y furent apportées les modifications suivantes :

Le 2e Bureau ou Bureau des affaires techniques fut scindé en deux bureaux :

1° *Le Bureau Militaire* ayant pour attributions celles qu'avait précédemment la 1re section du 2e Bureau ;

2° Le 4e Bureau (*Travaux publics*) ayant pour attributions celles qu'avait antérieurement la 2e section du 2e Bureau.

Organisation Territoriale.

Le Territoire civil de la Mauritanie délimité par le décret du 25 février 1905 a conservé, pendant l'année 1906, l'organisation administrative antérieure qui lui avait été donnée par l'arrêté du 25 décembre 1905.

Les quatre cercles du Trarza, du Brakna, du Gorgol et du Tagant, subdivisés en résidences, ayant dans leur étendue des postes de police locale, ont été administrés par des administrateurs ou des officiers hors cadres, chargés de fonctions politiques et administratives.

Une seule modification a été apportée dans l'organisation territoriale du cercle du Trarza ; l'ancien canton de N'Diago, qui dépendait de ce cercle et qui comprenait les villages de N'Diago, M'Boïo, Thionk et Diawas a été supprimé par décision du 13 août 1906 et les quatre villages qui le composaient ont été placés sous l'autorité directe de leurs chefs respectifs.

La Résidence autonome du Guidimaka a continué à être administrée par un administrateur-adjoint installé à Sélibaby.

Notre installation à la Baie du Lévrier a amené l'organisation (décision du 26 avril 1906) de cette région en territoire administré, et le classement du poste de Cansado comme poste militaire (Décision du 1er mai 1906).

Le lieutenant commandant ce poste a rempli les fonctions de Résident de la Baie du Lévrier.

SITUATION ÉCONOMIQUE

SITUATION ÉCONOMIQUE

Il sera difficile d'établir en Mauritanie une statistique destinée à donner une idée exacte du mouvement commercial tant que la sécurité la plus complète n'existera pas dans le pays. Les nombreuses caravanes qui, de l'Adrar, de l'Agan et du Tagant venaient annuellement s'approvisionner aux escales du fleuve n'ont pu circuler librement sur les routes qu'elles suivaient habituellement, à cause des medjbour de pillards qui guettaient leur passage. Le mouvement commercial a subi le contre-coup de la situation politique et l'on a même été amené, au mois de novembre, à interdire aux maures non soumis ou non munis d'une autorisation spéciale, l'accès des escales du fleuve pour les empêcher de s'approvisionner en poudre. Nous ne pouvons fournir aucun chiffre pour les importations provenant presque entièrement du Sénégal; les affaires commerciales traitées à Saint-Louis et dans les escales du fleuve semblent cependant n'avoir point été en diminution sur le trafic des années précédentes.

Pour le seul cercle du Tagant, les transactions commerciales constatées pendant les quatre premiers mois de l'année 1906 ont été les suivantes :

54 caravanes représentant un nombre d'environ 615 animaux porteurs sont arrivées à Tidjikdja avec des marchandises d'une valeur de 42.347 fr. 33

27 caravanes représentant un nombre d'environ 320 animaux porteurs sont parties de Tidjikdja avec des marchandises d'une valeur de 7.678 fr. 43.

Le total des transactions pour le Tagant a donc pu être estimé en fin d'année à environ 150.000 francs, et ce chiffre constaté des caravanes peut être considéré comme un chiffre minimum.

En 1905, la perception des droits sur les caravanes représentant le 1/40° des produits exportés, s'était élevée à 38.365 fr. 67, ce qui correspondait à un mouvement commercial d'environ 1.500.000 francs.

On peut estimer que malgré le ralentissement des transactions dû à l'insécurité des routes en 1906 et à la préparation des hostilités des dissidents de l'Adrar, le mouvement commercial de la Mauritanie pendant cette année n'a pas été de beaucoup inférieur à celui de l'année 1905.

D'autre part :

Les essais intéressants au point de vue économique tentés en 1905 à la Baie du Lévrier ont été couronnés de succès.

De nombreuses goëlettes canariennes et des bateaux français et hollandais de grand tonnage ont fait des pêches fructueuses qui confirment d'une façon définitive l'existence des richesses ichthyologiques inépuisables des abords de la Baie du Lévrier, et permettent de baser les plus grandes espérances sur les bénéfices que peuvent retirer les colonies de l'Afrique occidentale française de l'exploitation rationnelle de ces richesses.

SITUATION FINANCIÈRE

SITUATION FINANCIÈRE DE LA MAURITANIE

(Exercice 1906).

La situation financière du Territoire civil de la Mauritanie, à la clôture de l'Exercice 1906, peut être résumée de la manière suivante :

Recettes.

Le total des recettes recouvrées s'élève à la somme de 1.393.481 fr. 47 présentant une plus-value de 313.481 fr. 47 sur les prévisions budgétaires.

Ce résultat est entièrement dû à l'augmentation de la subvention du Gouvernement général qui a été portée, au cours de l'exercice, du chiffre de 600.000 francs inscrit au budget à celui de 1.050.000 fr., pour couvrir la moins-value de 136.518 fr. 53 accusée, au contraire, par les recettes propres de la Mauritanie et faire face à des dépenses supplémentaires.

Les causes des différences constatées sont exposées ci-après :

Zekkat :

Prévisions budgétaires..................	280.000 »
Sommes recouvrées.....................	137.647 59
Moins-value..........	142.352 41

Au moment où ils ont établi leurs prévisions, les commandants de cercle n'avaient pu encore obtenir de renseignements suffisamment précis au sujet des sommes susceptibles d'être recouvrées au titre de cet impôt. Les évaluations qu'ils ont faites dans ces conditions étaient trop optimistes et se sont trouvées, dans la suite, très supérieures au total des rôles d'impôt dont le montant n'a atteint que 164.175 fr. 31.

Les évènements survenus au Tagant pendant le 4e trimestre 1906 ont eu, en outre, une fâcheuse répercussion sur le recouvrement des impôts, non seulement dans ce cercle, mais dans toute l'étendue du Territoire de la Mauritanie.

Impôt de capitation :

Prévisions budgétaires.................	90.000 »
Sommes recouvrées.....................	70.809 65
Moins-value..........	11.190 35

Ainsi que pour le Zekkat, le montant des rôles n'a pu atteindre le chiffre des prévisions et a dû être arrêté à la somme de 86.793 francs. Si on considère que cet impôt n'a été institué en Mauritanie qu'au début de l'exercice 1906, on peut estimer que les évaluations avaient été faites d'une manière assez approximative. Une partie de la moins-value constatée provient d'ailleurs de dégrèvements accordés à des contribuables invalides ou nécessiteux.

Patentes et Licences :

Prévisions budgétaires.....	5.000 »
Sommes recouvrées....................	2 861 42
Moins.value..........	2.138 58

Les évaluations de recettes afférentes à cet impôt avaient été majorées en prévision du développement du commerce en Mauritanie, mais la progression escomptée a été presque insensible en 1906 puisque l'année précédente ces recettes s'étaient élevées à 2.789 fr. 70.

Droits de place sur les marchés :

Prévisions budgétaires......	2.000 »
Sommes recouvrées...................	4.111 85
Plus-value..........	2.111 85

Ce supplément de recettes est dû à la création de nouveaux marchés dans le Guidimaka et à l'extension du marché de Kaédi.

Droits sur l'extraction du sel :

Prévisions budgétaires.................	1.000 »
Sommes recouvrées................ ...	»
Moins value	1.000 »

Les droits sur l'extraction du sel n'ont été établis que par l'arrêté du 18 janvier 1907. Aucune perception n'a pu, en conséquence, être faite à ce titre, au cours de l'exercice 1906.

Oussourou et pacage :

Prévisions budgétaires....................	30.000 »
Sommes recouvrées....................	2.846 05
Moins-value..........	27.143 95

L'arrêté fixant les droits d'oussourou et de pacage porte la date du 18 décembre 1005, mais n'a pu commencer à être appliqué que plusieurs mois après l'ouverture de l'exercice 1906.

En outre, le recouvrement de cette taxe perçue dans nos postes avancés sur les denrées importées par les caravanes venant de l'extérieur et sur les troupeaux des tribus non administrées venant pâturer périodiquement sur notre territoire, s'est ressenti plus particulièrement des événements du Tagant.

Amendes et confiscations :

Prévisions budgétaires....................	12.000 »
Sommes recouvrées....................	18.990 60
Plus-value..........	6.990 60

Cette plus-value est due aux prises très importantes d'animaux, effectuées dans le Guidimaka en décembre 1906.

Reprise de la valeur des vivres cédés à titre remboursable :

Prévisions budgétaires....................	60.000 »
Sommes recouvrées....................	84.626 44
Plus-value..........	24.626 44

Cet excédent de recettes a sa contre-partie au Chapitre VII du budget des dépenses où les achats de vivres prévus pour 140.0 0 francs ont atteint 161.572 fr. 55.

Recettes d'exercice clos :

Prévisions budgétaires....................	Mémoire.
Sommes recouvrées....................	13.577 87

Les recettes constatées à ce titre représentent le montant d'impôts afférents à l'exercice 1905 qui n'ont pu être perçus qu'après le mois de juin 1906.

La situation du budget de 1906 se trouve résumée, pour les recettes, dans le tableau ci-après :

NATURE DES RECETTES	PRÉVISIONS BUDGÉTAIRES	SOMMES PERÇUES	MOINS-VALUE sur les PRÉVISIONS	PLUS-VALUE sur les PRÉVISIONS
Zekkat	280.000 »	137.647 59	142.352 41	»
Impôt de capitation	90.000 »	78.809 65	11.190 35	»
Patentes et licences	5.000 »	2.861 42	2.138 58	»
Droits de place sur les marchés	2.000 »	4.111 85	»	2.111 85
Droits d'extraction sur le sel	1.000 »	»	1.000 »	»
Oussourou et Pacage	30.000 »	2.856 05	27.143 95	»
Amendes et confiscations	12.000 »	18.990 60	»	6.990 60
Reprise de la valeur des vivres	60.000 »	84.626 44	»	24.626 44
Recettes des exercices clos	Mémoire.	13.577 87	»	13.577 87
Subvention du Gouvernement général	600.000 »	1.050.000 »	»	450.000 »
Totaux	1.080.000 »	1.393.481 47	183.824 29	497.306 76

Dépenses.

Le total des dépenses ordonnancées au titre de l'exercice 1906 s'est élevé à la somme de 1 349.050 fr. 42, dépassant de 269 050 fr 42 le montant des crédits primitivement ouverts.

L'examen de chaque chapitre montrera les causes de l'excédent dont il s'agit :

CHAPITRE PREMIER. — *Administration centrale.*

Crédit primitif	137.061 »
Dépenses ordonnancées	122.725 26
Excédent de crédit	14.335 74

Cet excédent est dû à des incomplets dans les cadres du personnel prévu au budget.

CHAPITRE II. — *Administration des Cercles.*

Crédit primitif	195.807	»
Dépenses ordonnancées	189.496	03
Excédent de crédit	6 310	97

Différence provenant d'incomplets.

CHAPITRE III. — *Matériel.*

Crédit primitif	22.700	»
Dépenses ordonnancées	25.485	19
Excédent de dépense	2.785	19

Le dépassement constaté sur ce chapitre a été surtout provoqué par l'insuffisance des crédits qui avaient été affectés à l'achat d'imprimés et de fournitures de bureau. Il a été couvert par un crédit supplémentaire de 5.000 francs, accordé à l'Administration de la Mauritanie par l'arrêté du 31 décembre 1906, n° 1219.

CHAPITRE IV. — *Frais de perception de l'impôt.*

Crédits primitifs	41.700	»
Dépenses ordonnancées	21.102	»
Excédent de crédit	20.598	»

Cette différence résulte de la moins-value qui s'est produite sur l'ensemble des recouvrements effectués au titre des différents impôts.

Les frais de recouvrement de l'impôt payés au titre de l'exercice 1906 comprennent :

1° Les remises allouées au Trésorier-Payeur sur les recettes réelles effectuées ;

2° La remise de 10 0|0 des sommes perçues consentie aux agents et chefs indigènes chargés de la perception.

CHAPITRE V. — *Justice et Instruction publique.*

Crédits primitifs	14.500 »
Dépenses ordonnancées	9.491 93
Excédent de crédit	5.008 07

Différence provenant d'incomplets dans le cadre des cadis et d'une légère économie sur le crédit affecté aux dépenses du mobilier des écoles et des fournitures scolaires.

CHAPITRE VI. — *Forces de police.*

Crédits primitifs	270.482 »
Dépenses ordonnancées	320.258 94
Excédent de dépenses	49.776 94

Ce dépassement a été occasionné, en partie, par une augmentation des effectifs des forces de police et, principalement, par le paiement de certaines dépenses relatives à l'achat d'effets d'habillement et d'équipement qui n'avaient pas été prévues au budget.

CHAPITRE VII. — *Ravitaillement et Subsistances.*

Crédits primitifs	220.513 »
Dépenses ordonnancées	219.259 03
Excédent de crédit	1.258 97

Des incomplets dans le personnel et différentes économies ont permis de faire face à un dépassement de plus de 21 000 francs sur les dépenses de vivres.

CHAPITRE VIII. — *Remonte.*

Crédits primitifs	36.500 »
Dépenses ordonnancées	47.639 91
Excédent de dépenses	11.139 91

L'organisation du goum méhariste du Trarza qui n'avait pas encore été envisagée au moment de l'élaboration du Budget de l'exercice 1906, a occasionné l'excédent de dépenses dont il s'agit. Il a été couvert par un crédit supplémentaire de 30.000 francs ouvert par un arrêté du 31 décembre 1906.

CHAPITRE IX. — *Service médical.*

Crédits primitifs	37.621 »
Dépenses ordonnancées	51.053 75
Excédent de dépenses	13.432 75

Ce dépassement porte surtout sur les dépenses d'achat de médicaments. Il provient de ce que la commande de médicaments adessée au Département en janvier 1906 n'étant pas arrivée à temps pour permettre de ravitailler les postes de la Mauritanie, l'Administration locale a dû faire sur place une nouvelle commande. Le marché passé dans la Métropole s'est élevé, en outre, à une somme supérieure au crédit prévu pour cette dépense.

CHAPITRE X. — *Travaux publics.*

Crédits primitifs	10.000 »
Dépenses ordonnancées	8.377 18
Excédent de crédit	1.622 82

Le Service des Travaux publics, dans son rapport particulier, rend compte de l'emploi des sommes dépensées.

CHAPITRE XI. — *Frais de voyage et de transport.*

Crédits primitifs	62.000 »
Dépenses ordonnancées	156.020 83
Excédent de dépenses	94.020 83

Le dépassement très important constaté au titre de ce chapitre se répartit sur toutes les rubriques et doit être attribué à différentes causes :

La différence de 14.487 fr. 76 existant entre les crédits alloués pour le transport du personnel et les dépenses réelles a été occasionné par le rapatriement en Algérie des goumiers arabes licenciés pendant le premier trimestre 1906, et le paiement des frais de transport des troupes régulières dans l'intérieur de la Mauritanie dont l'imputation au Budget local a été prescrite par la dépêche ministérielle du 31 octobre 1906.

En ce qui concerne le transport des vivres et du matériel, l'insuffisance qui s'est produite et qui atteint le chiffre de 61.314 fr. 19 provient également de la mise à la charge du Budget local par la dépêche précitée des frais de transport des approvisionnements destinés aux troupes régulières ainsi que de l'imputation à cette rubrique de la contribution de la Mauritanie à la subvention accordée à la Compagnie des Messageries africaines.

Enfin, les insuffisances de crédits de 12.951 fr. 05 et 9.267 fr. 83 respectivement constatées aux rubriques *Solde du personnel en congé* et *Vacations* sont dues à de nombreuses rentrées en congé et à l'insuffisance des prévisions qui ne correspondaient pas à la moyenne normale de ces dépenses.

Des crédits supplémentaires dont le total s'élève à 94.020 fr. 83, chiffre correspondant exactement à l'excédent de dépenses, ont été accordés à l'administration de la Mauritanie par divers arrêtés.

CHAPITRE XII. — *Dépenses politiques.*

Crédits primitifs	28.000 »
Dépenses ordonnancés	15.007 28
Excédent de crédit	12.992 72

Les dépenses prévues à ce chapitre ont été réduites dans la mesure possible, pour tenir compte de la situation générale du budget.

CHAPITRE XIII. — *Dépenses imprévues.*

Crédits primitifs..........	3.111 »
Dépenses ordonnancées................	2.803 04
Excédent de crédit.....	307 96

La somme de 2.803 fr. 04 imputée au Chapitre 2 *Dépenses imprévues* comprend notamment les frais au téléphone, les dépenses relatives à l'Exposition coloniale de Marseille, les dépenses occasionnées par la célébration de la Fête Nationale, etc.

CHAPITRE XIV. — *Dépenses des exercices antérieurs.*

Crédits primitifs......................	»
Dépenses ordonnancées....	160.330 05

Ce chiffre anormal de dépenses sur exercices clos est dû à l'éloignement de certains postes, en particulier celui de Fort-Coppolani, dont les dépenses payées dans les premiers mois de l'année au titre de l'exercice 1905 n'ont pu être régularisées à Saint-Louis qu'après la clôture de cet exercice.

De nombreuses et importantes transmissions de la Métropole concernant l'exercice 1905 ne sont parvenues également à Saint-Louis qu'après le 20 juin 1906 et ont dû être imputées sur l'exercice 1906.

Une somme totale de 178 000 francs a été mise à la disposition de l'Administration locale par les arrêtés du 21 juin 1906 (10.000 francs), du 4 août 1906 (50.000 francs), du 31 décembre 1906 (38.000 francs) et du 18 mars 1907 (80.000 francs) pour permettre le règlement de ces dépenses.

Le tableau suivant résume, en ce qui concerne les dépenses, la situation financière de l'exercice 1906.

NUMÉROS DES CHAPITRES	DÉSIGNATION DES CHAPITRES	CRÉDITS PRIMITIFS	CRÉDITS SUPPLÉMENTAIRES	TOTAL des CRÉDITS accordés.	DÉPENSES ORDONNANCÉES	DÉPENSES PAYÉES	RESTE A PAYER
1	Administration centrale	137.061 »	»	137.061 »	122.725 26	122.725 26	»
2	Administration des cercles	195.807 »	»	195.807 »	189.496 03	184.788 28	4.707 75
3	Matériel	22.700 »	5.000 »	27.700 »	25.485 19	25.485 19	»
4	Frais de perception de l'impôt	41.700 »	»	41.700 »	21.102 »	21.102 »	»
5	Justice indigène et Instruction publique	14.500 »	»	14.500 »	9.491 93	9.491 93	»
6	Forces de police	270.482 »	60.000 »	330.482 »	320.258 94	320.237 94	21 »
7	Ravitaillement et Subsistances	220.518 »	»	220.518 »	219.259 03	218.130 40	1.128 63
8	Remonte	36.500 »	30 000 »	66.500 »	47.639 91	47.639 91	»
9	Service médical	37.621 »	20.450 »	58.071 »	51.053 75	51.053 75	»
10	Travaux publics	10.000 »	»	10.000 »	8.377 18	8.377 18	»
11	Frais de transport et de voyage	62.000 »	94.020 83	156.020 83	156.020 83	155.979 15	41 68
12	Dépenses politiques	28.000 »	»	28.000 »	15.007 28	15.007 28	»
13	Dépenses imprévues	3.111 »	500 »	3.611 »	2.803 14	2.803 04	»
14	Dépenses des exercices antérieurs	»	178.000 »	178.000 »	160.330 15	159.946 55	383 50
	TOTAUX	1.080.000 »	387.970 83	1.467.970 83	1.349.050 42	1.342.767 86	6.282 56

Comparaison avec les résultats de l'Exercice 1905.

En 1905, les recettes propres de la Mauritanie ne s'étaient élevées qu'à 221.168 fr. 15. Celles de l'exercice 1906 (343.481 fr. 47) présentent donc une augmentation de 122.313 fr. 32 qui est due au meilleur rendement des impôts anciens et à la création d'impôts nouveaux (Capitation, droits d'Oussourou et Pacage).

Pendant la même période les dépenses sont passées de 1.331 931 fr. 25 à 1.349.050 fr. 42, soit une différence en plus de 17.119 fr. 17, motivée par le développement des différents services.

Mouvements de fonds.

Les seuls mouvements de fonds effectués au cours de l'exercice 1906 sont les envois de numéraire pour l'alimentation des caisses des agences spéciales.

Observations générales sur la situation financière de la Colonie.

La progression des recettes accusée par la comparaison des résultats de l'exercice 1906 avec ceux de l'exercice 1905 et les renseignements actuellement parvenus à l'Administration centrale de la Mauritanie sur les recouvrements effectués au titre de l'exercice 1907, permettent de conclure à une amélioration continue de la situation financière de cette colonie

Toutefois, les lourdes charges que le Territoire civil de la Mauritanie est obligé de supporter pour l'entretien de nombreuses forces de police, ne permettent pas encore de prévoir l'époque où son budget pourra s'équilibrer sans le secours d'une subvention du Gouvernement général.

JUSTICE INDIGÈNE

JUSTICE INDIGÈNE

Le décret du 10 novembre 1903, portant réorganisation du Service de la Justice dans les colonies relevant du Gouvernement général de l'Afrique occidentale française, n'avait reçu en 1906 aucune application en Mauritanie. Les dispositions de ce décret applicables en tous points aux nombreuses populations de race noire établies sur la rive droite du Sénégal ne s'appliquaient pas d'une manière absolue aux nomades de la Mauritanie et nécessitaient certaines modifications exigées par le caractère spécial des habitants du pays Les modifications proposées par M. le Gouverneur général de l'Afrique occidentale française à M. le Ministre des Colonies ont été approuvées par le décret du 5 juin 1906.

Au moment de notre occupation de la Mauritanie, l'organisation islamique de la Justice du rite malékite était impuissante à punir les malfaiteurs qui infestaient la brousse.

L'autorité des cadis n'était pas plus reconnue que celle des émirs par des populations turbulentes, en perpétuels conflits entre elles. En présence de cette situation le Commissaire du Gouvernement général avait été amené à choisir et à agréer des cadis ordinaires ou supérieurs qui rendaient la justice sous le contrôle de nos agents.

L'Administration n'intervenait que pour assurer l'exécution des jugements; au civil, les cadis jugeaient selon la loi coranique, et au criminel selon la même loi corrigée par la loi française quand les arrêts n'étaient pas conformes aux principes d'humanité qui régissent note code.

Mais cette organisation ne pouvait être que provisoire parce qu'elle remettait entièrement la Justice entre les mains des magistrats indigènes. Le décret du 5 juin 1906 apporte les modifications qu'appelait la mise en harmonie du régime judiciaire avec l'état social des maures, respectueux des coutumes arabes sanctionnées par Sidi-Khélil. Les articles 2, 3 et 4 de ce décret mentionnent les changements apportés : le campement de la tribu est substitué au village; la composition des tribunaux est modifiée aux divers degrés de la juridiction.

« A ce dernier point de vue le tribunal de résidence qui correspond au « tribunal de province, au lieu de ne comprendre que des membres indi- « gènes est présidé par un résident, adjoint au Commandant de Cercle.

« Cette modification a été imposée par la raison qu'il n'existe pas dans « les collectivités maures de chef indigène correspondant au chef de pro-

« vince ou de canton; de plus, le tribunal de résidence devant être com-
« pétent au premier degré en matière correctionnelle, c'eût été commettre
« une grave imprudence que de confier un pouvoir répressif à un maure;
« celui-ci, en effet, n'aurait jamais su dominer sa partialité vis-à-vis de
« des plaignants et accusés appartenant à des tribus amies ou ennemies,
« et n'aurait pas eu en mains d'ailleurs le pouvoir suffisant pour faire
« exécuter ses jugements. »

L'application des dispositions du décret du 5 juin 1906 nécessitait au préalable un choix judicieux du personnel qui devait être appelé à seconder les Commandants de cercle dans l'exercice des juridictions à établir.

Les décisions nécessaires furent prises au fur et à mesure de l'arrivée à l'Administration centrale des propositions des Administrateurs de la rive droite. C'est ainsi que la Justice indigène était organisée dans le Guidimaka par décision en date du 17 décembre 1906.

Le retard apporté dans les propositions des commandants des autres cercles par les événements du Tagant à la fin de 1906, a obligé le Commissaire en Mauritanie à différer l'organisation judiciaire dans les autres régions administrées.

ASSISTANCE MÉDICALE INDIGÈNE

Organisation.

C'est au commencement de 1906 que l'assistance médicale a été régulièrement organisée en Mauritanie.

Ce territoire est divisé en trois ressorts sanitaires ayant respectivement pour centre Podor, Kaëdi et Tidjikdja.

Le premier de ces ressorts comprend le cercle du Trarza; le second ceux du Brakna, du Gorgol et la Résidence du Guidimaka, le troisième le Tagant. Au centre de chaque ressort a été installée une infirmerie ambulance dirigée par un médecin assisté d'un infirmier.

D'autre part, des approvisionnements de médicaments ont été constitués dans tous les postes Les medecins s'y rendent lorsque des cas graves ou des malades ne pouvant être transportés y exigent leur présence. Ils consignent dans des rapports périodiques toutes les observations qu'ils ont pu faire.

L'institution d'une assistance médicale indigène a rendu jusqu'à présent les plus grands services et n'a pas été un des moindres facteurs de la soumission de certaines collectivités maures à notre autorité. Les habitants de la rive droite, adonnés aux pratiques empiriques ou superstitieuses de marabouts ignorants, ont rapidement compris les bienfaits qu'ils retireraient de la présence parmi eux de médecins européens et sont venus en foule leur demander les secours de leur science.

État sanitaire en 1906.

L'état sanitaire de la Mauritanie pendant l'année 1906 n'a donné lieu à aucune observation importante, tout au moins chez les habitants des régions éloignées du fleuve. La variole, les maladies vénériennes et le paludisme qui sévissent parmi eux avec intensité par suite de leur négligence ou de leurs remèdes inefficaces et quelquefois dangereux ont fait encore un nombre assez élevé de victimes.

Sur les bords du fleuve, une recrudescence de paludisme se produisit pendant les inondations de l'hivernage.

TRAVAUX PUBLICS

CHAPITRE Ier. — Organisation du Service.

Le service des Travaux publics tel qu'il est défini par le décret du 18 janvier 1905, n'existe pas en Mauritanie.

Le 2e bureau de l'Administration centrale, créé par decision n° 121 du 15 décembre 1905, sous le nom de Bureau des Travaux publics, était chargé de centraliser tous les renseignements et documents techniques ne ressortissant ni au 1er bureau (Politique), ni au 3e bureau (Finances et matériel) et de poursuivre les études de toutes sortes ayant trait à la création des postes ou résidences du territoire. Il jouait un rôle consultatif près du Commissaire du Gouvernement, sous le contrôle direct duquel il devait en outre élaborer un programme de travaux à exécuter dès que la situation politique le permettrait et que la période d'extension territoriale serait suffisamment avancée. Il assurait la correspondance générale avec les bureaux suivants du Gouvernement général de l'Afrique occidentale française :

Inspection des Travaux publics (Travaux publics, Mines, Service géographique);

Inspection des Postes et Télégraphes (Projets de lignes télégraphiques, pigeons voyageurs, etc.)

Affaires économiques et affaires domaniales (Concession, etc.);

Inspection des Services sanitaires civils (Météorologie).

Son budget se réduisait presque uniquement à des dépenses de personnel à l'Administration centrale; aucun service d'exécution n'avait été créé; les travaux, de faible importance d'ailleurs, qu'il aurait dû normalement diriger, et qui consistaient en constructions provisoires dans les centres administratifs, étaient confiés aux commandants de cercles et aux résidents, et les questions d'ordre financier étaient réglées par le 3e bureau (Finances et Matériel).

A la suite de l'occupation du Tagant, les Services de l'Administration centrale furent réorganisés.

Par décision n° 198, en date du 5 septembre 1905, le bureau des Travaux publics était supprimé et il était créé un *Bureau technique*, comprenant deux sections :

1re Section : *Bureau militaire.*

2e Section : *Travaux publics.*

Les attributions de la section des Travaux publics étaient d'ailleurs les mêmes que celles de l'ancien bureau supprimé. Elle avait en outre à assurer au point de vue technique la construction d'une ligne télégraphique, dont elle avait établi le projet, la conduite proprement dite de ces travaux étant confiée à un commis des Postes et Télégraphes qui relevait directement du Commissaire du Gouvernement.

Au mois de décembre 1905, le Capitaine du génie, chef de la section des Travaux publics, poursuivant la série d'études entreprises depuis le début de l'année, était envoyé en mission à la Baie du Lévrier pour y étudier les conditions d'une installation dans la presqu'île du Cap Blanc.

Le rôle du service des Travaux publics en formation avait donc bien été, au cours de toute l'année 1905, un rôle d'études générales; il s'était borné à recueillir et à coordonner tous les renseignements indispensables pour fournir une base à l'établissement d'un programme de travaux et à l'élaboration de projets qui devaient être soumis à l'approbation de M. le Gouverneur général en vue d'une exécution prochaine.

Telle était la situation à la fin de 1905.

Par décision n° 298 du 2 mai 1906, la section des Travaux publics était détachée du 2e bureau et devenait 4e bureau. Tout en restant un bureau d'études pour les questions intéressant la Mauritanie, il eût à assurer la direction des Travaux de premier établissement à la Baie du Lévrier et l'organisation du service postal et télégraphique créé par arrêté en date du 3 juillet, de M. le Gouverneur général. Son rôle était élargi, son personnel augmenté, mais sa constitution intérieure resta la même.

Nous exposerons successivement dans les chapitres qui vont suivre les questions diverses qu'il eut à traiter, et les travaux exécutés sous sa direction effective ou sous son contrôle.

CHAPITRE II.

---

§ 1er. — *Renseignements géographiques et topographiques.*

La carte au 1/200,000e établie à la fin de l'année 1905 a été complétée en utilisant les itinéraires dressés par les fonctionnaires et officiers en service en Mauritanie.

Il a été dressé en outre une carte au 1/500,000e d'un maniement et d'une lecture plus commodes, sur laquelle figurent les nouvelles divisions administratives du Territoire. Le cours du Sénégal y a été tracé d'après les documents fournis par le Service géographique du Gouvernement général, ainsi que le rivage de l'océan, corrigé cependant à hauteur de Nouakchott, dont les coordonnées astronomiques avaient été déterminées en janvier par les officiers du *Goëland*.

La projection a été faite en conservant le parallélisme en latitude, et en donnant aux méridiens les écartements réels correspondant aux latitudes de 30′ en 30′. Le centre de projection a été pris à la rencontre du méridien 16°30 et du parallèle 16°30, qui sont perpendiculaire l'un sur l'autre.

Cette carte, dressée en avril, a été tenue constamment à jour et constitue un document assez précis. Il sera possible d'ailleurs d'en augmenter la précision en déterminant astronomiquement quelques points à mesure de l'avancement de la ligne télégraphique qui fournira une base excellente.

Telle quelle, elle a servi de base à l'établissement de la carte au 1/1 500,000e publiée par le Service géographique de l'Afrique occidentale française.

§ 2. — *Renseignements météorologiques.*

La centralisation des observations météorologiques a été faite par le bureau des Travaux publics.

Le poste de Kaëdi était pourvu des instruments nécessaires à l'installation d'une station de deuxième ordre et a continué à fonctionner comme tel; quatre stations nouvelles furent créées au mois de juin :

Baie du Lévrier.....	1er ordre.
Tidjikdja...........	
Boutilimit...........	2e ordre.
Mal................	

Leur répartition sur les diverses parties du territoire a été faite de manière à fournir les données sur la climatologie :

De la zone saharienne (Tidjikdja);
De la zone maritime (Baie du Lévrier);
De la région des dunes (Boutilimit);
De l'Aftouth (Mal).

Les observations faites ont permis de conclure que les conditions climatériques sont sensiblement les mêmes qu'au Sénégal, sauf toutefois à la Baie du Lévrier, ou elles tiennent à la fois du régime tropical ou du régime des Canaries. Il y aurait intérêt, en vue de l'importance particulière de ce nouveau poste, à transformer la station de 1er ordre en station principale, munie d'instruments enregistreurs.

§ 3. — *Construction et entretien des Postes et Résidences.*

Les postes et résidences répartis dans les cercles ont été juqu'à présent essentiellement provisoires. Le choix de leurs emplacements, basé sur des considérations militaires ou administratives sujettes à des variations incessantes, dans des régions encore imparfaitement connues, s'est trouvé dans certains cas défectueux. Tantôt le but à remplir (protection d'une zone déterminée, occupation d'un point de passage des tribus nomades) était imparfaitement atteint au bout de quelque temps par suite de déplacement du mouvement des caravanes ou d'un changement de direction des rezzous ennemis, et une connaissance plus approfondie du pays amenait à abandonner le point primitivement choisi pour un autre répondant mieux à l'ensemble des conditions à satisfaire. Tantôt la situation matérielle présentait des défectuosités au point de vue du ravitaillement, de l'alimentation en eau, les ressources en matériaux de construction, et l'on pouvait les éviter en déplaçant le poste primitivement établi. Tantôt enfin un poste qui avait été fort utile au début de l'occupation du pays, ne répondait plus à l'objet pour lequel il avait été créé. C'est ainsi que la résidence de Regba, voisine de Podor, qui avait servi de base à l'organisation du pays brakna, voyait son rôle effacé par l'amélioration de la situation politique et militaire, et l'occupation solide des régions de Boutilimit et d'Aleg.

Il eût été imprudent, en même temps que coûteux, d'asseoir des constructions définitives en des points susceptibles de diminuer d'importance ou même d'être évacués. Aussi s'est-on borné à installer des abris qui, pour être rendus le plus confortables possible, n'en étaient pas moins temporaires

Un crédit de 8,000 francs seulement avait été inscrit au budget; il a été mis à la disposition des commandants de cercles pour se procurer l'outillage indispensable et les quelques ouvriers spéciaux qu'on ne pouvait trouver parmi les employés ou les gardes régionaux qui fournissaient en général la main d'œuvre gratuite.

Le rôle du Service des Travaux publics s'est borné à donner des indications sur l'utilité de l'acquisition de tel ou tel matériel et sur l'emploi des matériaux de diverse nature.

Aucun agent des Travaux publics n'a été employé à ces constructions.

§ 4. — *Forage de puits.*

La question du forage des puits, d'une importance toute particulière, a é é étudiée au cours de l'année. Des questionnaires détaillés adressés aux fonctionnaires et officiers ont fait ressortir, par les réponses auxquelles ils ont donné lieu, la nécessité de la création d'un organisme spécial et de l'inscription au budget de crédits suffisants pour entreprendre en 1907 les premiers travaux.

La Mauritanie n'est pas dépourvue d'eau, comme un examen superficiel aurait pu le faire supposer. Le cercle du Trarza, dans sa partie occidentale, possède de nombreux puits creusés par les indigènes et dont la profondeur est de 20 mètres en moyenne. Leur seul défaut est de n'avoir qu'une durée limitée par suite du manque de coffrage, qui dans les terrains sablonneux, provoque des éboulements assez fréquents. Le Trarza oriental (Boutilimit-Agroui) est moins favorisé; la profondeur des puits atteint couramment 50 à 60 mètres; mais néanmoins on est assuré d'y trouver la nappe géologique inépuisable.

Le Tagant est pourvu de nombreux points d'eau naturels, dont l'espacement ne dépasse pas celui d'une étape ordinaire.

Le Gorgol, dont l'aspect général ressemble assez à celui des régions soudanaises dans lesquelles les marigots conservent l'eau pendant une grande partie de l'année, offre des ressources appréciables. Les puits indigènes ont une profondeur moyenne de 10 mètres Le pays Brakna, à la surface duquel un certain nombre de lacs ou mares alimentés chaque année par les pluies d'hivernage, est le seul dans lequel les puits soient assez rares. La ligne de ravitaillement du Tagant, de Boghé à Moudjéria, en particulier, qui le traverse de bout en bout, est très pénible sur certaines parties de son parcours, qui sont complètement deshéritées au point de vue de l'eau.

Une tentative faite à Aslatt, à mi-chemin de Boghé et d'Aleg, distants de 75 kilomètres, a été infructueuse, bien que les indigènes aient réussi précédemment à forer en cet endroit un puits qui s'est comblé depuis. La cause de cet insuccès tient à la méthode employée; on a confié en effet le travail à des maures puisatiers qui, malgré leurs efforts, n'ont pas réussi à descendre au-dessous de 40 mètres, alors qu'il eût fallu en atteindre 60 environ. Le forage devra être repris l'année prochaine; l'application du système employé dans le Baol y donnera vraisemblablement un résultat satisfaisant.

En somme, les études faites sur les puits existants en Mauritanie et sur les anciens puits disparus sont suffisantes pour établir un programme rationnel qui permettra de doter les régions actuellement dépourvues des puits nécesssaires aux besoins généraux.

Un service de forage de puits, chargé de l'exécution de ce programme, sera constitué l'année prochaine et son organisation sera basée sur l'importance du crédit (50,000 francs) inscrit au budget général de 1907, à titre de subvention.

CHAPITRE III. — Ligne télégraphique. — Service des Postes et Télégraphes.

---

§ 1er. — *Ligne télégraphique Aéré-Aguieurt.*

La construction de la ligne télégraphique vers le Tagant, dont le projet avait été approuvé par lettre de M. le Gouverneur général en date du 22 octobre 1905, avait été commencé immédiatement sous la direction de M. Gomel, commis des Postes et Télégraphes. Le matériel, primitivement destiné à la ligne Podor-Nouakchott, arrivé dans la Colonie vers le milieu du mois de septembre, y fut employé.

Les dépenses d'installation étaient supportées par le budget général.

Relié au réseau télégraphique du Sénégal à Aéré, sur la rive gauche du marigot de Doué, la ligne atteignait Boghé sur la rive droite du Sénégal, à la fin de 1905. Ce tronçon comportait deux câbles sous-fluviaux à un fil conducteur traversant le marigot de Doué, près du poste d'Aéré, et le Sénégal près de Boghé et 22 kilomètres de ligne aérienne dans l'île à Morfil, mi-partie sur appuis métalliques en fer, mi-partie sur appuis naturels.

En 1906, la construction était poursuivie au-delà de Boghé, vers Aslatt et Aleg, dans une région dépourvue de ressources. Les difficultés furent très grandes par suite du manque d'eau sur tout le parcours et de la nécessité de transporter à pied d'œuvre les poteaux métalliques ou les appuis en bois coupée à une distance moyenne de 6 à 7 kilomètres du tracé.

Le personnel européen se réduisait au chef de chantier, les télégraphistes militaires demandés par lettre 559 du 21 septembre 1905 n'étant arrivés qu'à la fin de mai 1906. Aussi l'avancement des travaux fut-il très lent. Pendant l'hivernage, on dut travailler à la consolidation de la section Aéré-Boghé, qui depuis s'est toujours bien comportée.

Au mois d'octobre, M. Gomel était rapatrié malade, et la conduite des travaux se ressentit de l'absence de leur chef.

Aussi la ligne se trouvait-elle à peine à 10 kilomètres d'Aleg en fin d'année. Soixante-cinq kilomètres seulement avaient été construits.

Entre temps, le transfert du bureau télégraphique de Kaëdi, relevant de l'Office du Sénégal et rattaché à la Mauritanie après approbation de M. le Gouverneur général (lettre n° 1283 du 12 mai) avait été décidé.

Il était situé sur la rive gauche du fleuve et le service entre le bureau et la ville exigeait une embarcation. Une simplification s'imposait. Pour la réaliser, il était nécessaire de le transporter sur la rive droite et de mouiller un câble dans le Sénégal à hauteur du village.

Le service télégraphique possédait précisément une longueur de câble suffisante restée en excédent après le passage du marigot de Doué à Aéré et du Sénégal à Boghé. Les travaux furent effectués sans incident, et le bureau de Kaëdi passa de l'office du Sénégal au service de la Mauritanie, le 16 août 1906.

§ 2. — *Service des Postes et Télégraphes.*

A mesure que les territoires occupés s'étendaient vers le Nord, les courriers officiels ou privés prenaient une importance croissante. Les frais de transport et la responsabilité incombaient tout entiers à la Mauritanie, qui ne trouvait aucune compensation dans les recettes postales qu'un service autonome lui auraient légitimement procurées. Les timbres du Sénégal étaient seuls en usage et l'office sénégalais en tirait profit sans supporter aucune des charges qu'entraînait la transmission des dépêches. Il était logique de compenser les inconvénients résultant de cette situation par les avantages que comportait une organisation indépendante.

La création d'un office distinct de celui du Sénégal et relevant du Commissaire du Gouvernement, proposée à M. le Gouverneur général par lettre n° 38, du 22 mars, fut consacrée par l'arrêté n° 607 du 3 juillet 1906 portant organisation du Service des Postes et Télégraphes dans le Territoire civil de la Mauritanie.

Il était centralisé au 4e bureau de l'Administration centrale (Bureau technique et des Travaux publics). Son personnel comprenait :

1° Un personnel civil recruté dans les mêmes conditions que le personnel analogue des autres colonies de l'Afrique occidentale française;

2° Un personnel militaire appartenant à la section des télégraphistes coloniaux.

Les bureaux étaient classés en deux catégories : bureaux de plein exercice et agences postales, les premiers gérés par le personnel technique, les secondes par des fonctionnaires civils ou militaires résidant dans les cercles.

Les bureaux de plein exercice créés au début étaient ceux de Boghé et Kaëdi. Les agences postales qui seraient ultérieurement desservis par la ligne télégraphique, devaient à mesure de l'arrivée de cette ligne devenir bureaux de plein exercice.

Les dispositions relatives aux opérations effectuées par chaque espèce de bureau et aux tarifs applicables, sont contenues dans les chapitres V et VI de l'arrêté organique.

Le service fut ouvert dans les conditions prévues immédiatement après la publication de l'arrêté.

CHAPITRE IV. — Travaux de la Baie du Lévrier.

---

§ 1er. — *Programme.*

Au retour de la mission dont il avait été chargé en décembre 1905, janvier 1906 à la Baie du Lévrier, dans le but d'étudier les conditions d'une installation dans la presqu'île du Cap Blanc, M. le capitaine Gérard, fournit un rapport dans lequel il exposait la question au point de vue :

1° Des ressources locales;

2° Des constructions à prévoir;

3° Des moyens d'exécution à adopter.

Ce rapport, transmis par lettre n° 15 du 14 février 1906 de M. le Commissaire du Gouvernement général en Mauritanie, concluait qu'il était possible de prendre pied dans la presqu'île à la condition d'y construire une *citerne* pour recueillir les eaux de pluie, *un poste militaire* pour garantir la sécurité, *un appontement* dans la Baie du Repos, pour faciliter les débarquements.

M. le Gouverneur général voulut bien donner son approbation aux conclusions de ce rapport, et décida que des mesures seraient prises immédiatement pour assurer l'exécution des travaux dans le plus bref délai. Un crédit de 150,000 francs fut ouvert sur les fonds du Budget général.

Des pourparlers furent engagés immédiatement avec l'Administration de la Marine pour la cession de l'ancien aviso *Lézard* destiné à fournir par distillation d'eau de mer l'eau nécessaire à l'alimentation du personnel pendant la durée des travaux.

Ces pourparlers aboutirent dans le courant du mois d'avril. En même temps les commandes de matériel étaient passées en France et à Dakar, un marché pour le transport était conclu et le 3 mai le départ avait lieu de Dakar.

Le vapeur *Marie* transportait :

1° Une partie du personnel ouvrier ;

2° Un détachement de 50 tirailleurs ;

3° Des vivres pour 6 mois et une partie des approvisionnements de matériel.

Le complément d'ouvriers et de matériel nécessitait un second transport, qui fut effectué par le même vapeur le 25 mai.

§ 2 — *Exécution des travaux.*

Commencés le 10 mai, ils furent menés dans l'ordre suivant : citerne, appontement, poste militaire.

La citerne, d'une contenance de 2,350 mètres cubes, creusée dans le roc au débouché d'un thalweg, fut achevée comme gros œuvre et couverture le 15 août. Depuis le 30 juillet elle était en mesure de conserver l'eau.

L'appontement, de 56 mètres de longueur et de 13^{m}50 de largeur, en rôniers et madriers de sapin, exigea 42 jours de travail. Etabli dans la Baie du Repos, en eaux parfaitement calmes, il atteignait les fonds de 3 mètres à marée basse.

Enfin le poste militaire était entrepris le 1er août. On avait prévu tout d'abord l'installation de baraques démontables, mais on renonça à ce projet, préférant abriter au début le personnel sous des tentes, et consacrer les crédits à l'édification d'un poste en maçonnerie qui offrirait des garanties de durée plus grande.

Par suite de contretemps survenus dans le service de ravitaillement à la suite d'un cas suspect de fièvre jaune à Dakar, qui avait empêché d'effectuer de nouveaux transports de matériaux prévus, on se contenta de construire une enceinte en maçonnerie contre laquelle furent adossée des baraques en bois couvertes de tôles ondulées.

Le programme avait été réalisé dans son ensemble, et les dépenses avaient atteint la somme de 147,000 francs, accusant ainsi une économie de 3,000 francs sur les prévisions.

§ 3. — *Programme de travaux futurs.*

Les travaux effectués se réduisaient au strict nécessaire pour entretenir le personnel permanent, militaire et civil, et permettre aux sociétés de pêche en formation de trouver à la Baie du Lévrier le point d'appui et les ressources qui jusque-là avaient fait défaut.

Il était impossible de s'en tenir à ce minimum. Un crédit de 500,000 fr. fut prévu sur les fonds de l'emprunt de 100 millions en préparation. Il devait être consacré à l'éclairage des côtes (feu de grand atterrage au Cap Blanc, feux divers et balisage) ; à l'amélioration des moyens de débarquement et à la création d'un outillage de port, à la construction de bâtiments pour les services généraux.

Un avant-projet général fut établi dans un rapport en date du 23 septembre qui exposait en même temps dans tous ses détails les travaux effectués au cours de l'année.

M. le capitaine Gérard fut envoyé en mission en France, par décision du 26 septembre de M. le Gouverneur général, pour poursuivre les études relatives au projet d'éclairage des côtes, fournir toutes explications utiles au Comité des Travaux publics, et hâter la passation des marchés et commandes de matériaux et d'outillage nécessaires pour l'exécution du programme des travaux sur fonds d'emprunt.

Ces diverses questions furent traitées pendant les mois de novembre et décembre.

ENSEIGNEMENT

ENSEIGNEMENT

Au cours de l'année 1906, une seule école régulièrement organisée, à Kaédi, a continuée de fonctionner, donnant les meilleurs résultats.

A la suite de la suppression des bourses concédées auparavant par le Gouverneur du Sénégal, l'école de Kaédi, en janvier 1905, avait vu subitement tomber le nombre de ses élèves à 7. Mais cette situation n'avait pas tardé à s'améliorer et dès le commencement de l'année 1906, 24 élèves fréquentaient assiduement les cours de l'école.

Ce seul fait suffit à prouver l'attachement des noirs de la rive droite du Sénégal à recueillir l'enseignement français et permet d'espérer que son influence salutaire se répandra ainsi aisément parmi eux.

Par contre, l'Ecole normale de Saint-Louis n'a reçu aucun élève originaire de Mauritanie, mais il n'y a pas lieu de s'attarder sur ce fait. Il faut attendre que l'œuvre du temps se soit accomplie pour atteindre le but recherche.

Enfin les évènements qui se sont reproduits en 1906 n'ont pas permis d'achever les statistiques commencées sur les écoles coraniques ; mais nous ne saurions tarder à être complètement fixés sur leur compte.

Saint-Louis, le 18 octobre 1907.

L'Adjoint au Commissaire,

J. ROOS

SAINT-LOUIS (SÉNÉGAL). — IMPRIMERIE DU GOUVERNEMENT

www.ingramcontent.com/pod-product-compliance
Ingram Content Group UK Ltd.
Pitfield, Milton Keynes, MK11 3LW, UK
UKHW012259240726
13966UKWH00004B/1495